D'ALEMBERT

LA SUPPRESSION DES JÉSUITES

PARIS
ÉDOUARD CORNÉLY, ÉDITEUR
101, RUE DE VAUGIRARD, 101

10 CENTIMES

Les Tableaux Géographiques

Cette collection divisée en deux groupes, **LA FRANCE** et **AUTOUR DU MONDE**, parait régulièrement à raison d'une série par mois.

Chaque **série** se compose de six tableaux en **couleurs** montés sur carton et vernis, du format $0^m,65 \times 0^m,50$.

Chaque **tableau** comprend quatre vues groupées suivant une classification naturelle (sites, costumes, scènes diverses, monuments, etc.) et accompagnées d'une légende explicative.

Une **notice** est jointe à chaque tableau et fournit le texte d'une explication.

Ces notices ont été spécialement rédigées pour chaque tableau par M. Albert MILHAUD, professeur agrégé d'histoire et de géographie. Elles peuvent fournir le thème d'une petite conférence.

Chaque tableau est vendu séparément **1 fr. 25** (port non compris); la série de six tableaux est vendue **7 fr. 50** et envoyée *franco en gare.*

Sont actuellement en vente :

1re SÉRIE

1. Les Pyrénées : Le Cirque de Gavarnie.
2. Indo-Chine : Vue du Tonkin.
3. La Manche : La vie au bord de la mer.
4. La Basse-Loire : Les Rives paisibles.
5. Les Alpes : Le Dauphiné.
6. Algérie : Le Tell Oranais.

2e SÉRIE

7. Méditerranée : La Côte d'azur.
8. Plateau central : Dans les Causses.
9. La Bretagne : Intérieur du Pays.
10. Littoral français.
11. Vallée de la Loire : Les Châteaux.
12. Algérie : Les Indigènes sédentaires.

3e SÉRIE

13. Les bords de la Creuse.
14. La marine militaire.
15. Paris : Vues principales (1er tableau.)
16. La Cochinchine : Paysages.
17. Les Pyrénées : Une vallée.
18. Bretagne : La baie de St-Malo.

4e SÉRIE

19. La Manche : Ports et Plages.
20. Iles françaises d'Océanie.
21. Fontainebleau : Le Château et la Forêt.
22. Vie militaire.
23. Tunis.
24. Le Pays de Nice.

Six autres séries *en préparation* paraîtront cette année.

PARIS. — IMP. FERD. IMBERT, 7, RUE DES CANETTES.

LE LIVRE POUR TOUS

Ancienne série

144 OUVRAGES PARUS

AGRICULTURE

26. Les Engrais.
37. La Viticulture.

ARMÉE

8. Le service militaire.
13. Les Écoles militaires. St-Cyr.
63. Les fusils à répétition.
65. Les projectiles.
67. Les mitrailleuses.
71. Les canons.

ARTS D'AGRÉMENT

32. Les Feux d'artifice.
38. La Pêche.
42. La Chasse.

ARTS ET MÉTIERS

89. La Gravure. Tome I.
90. — — II.

BEAUX-ARTS

25. La Peinture sur porcelaine.
80. Les Faïences anciennes.

CUISINE

56. L'Office.
58. Les Viandes. Tome I.
59. — — II.
134. Les Potages.
138. Les Sauces.
139. Les Légumes.

DROIT

21. La Justice de paix.

DROIT CIVIL

29. Les Enfants.
35. Le Mariage.

ÉCONOMIE DOMESTIQUE

28. La Cave et les vins.
142. Les Ustensiles de cuisine.

ÉCONOMIE SOCIALE

17. Les Impôts.
20. L'Épargne.
135. La Maison et son mobilier.
23. Les Assurances.

ENSEIGNEMENT

15. Grammaire anglaise.
50. Grammaire anglaise, (syntaxe et pronon.)
5 a. Grammaire française.

FINANCES

14. Les Douanes.

GÉOGRAPHIE

1 a. La France. Tome I.
2 a. — — II.
3 a. — — III.
4 a. France administrat.
5. L'Afrique française.
22. L'Europe.
36. La Russie.
43. L'Allemagne.
47. L'Océanie.

MANUFACTURES NATION^{les}

79. Les Gobelins.
77. Manufacture de Sèvres

HISTOIRE

8. Histoire romaine.
44. La France. 1re partie.
49. — 2me —
54. — 3me —
60. Histoire ancienne.
136. Hoche. p^r T. Révillon.
141. Paris en 1789, par Mercier.
145. Les derniers Montagnards, p^r J. Claretie

HORTICULTURE

9. Les Fleurs.
34. Les Arbres fruitiers.

HYGIÈNE

1. La Santé.
11. Les Falsifications : Aliments.
12. — Boissons.
31. La première Enfance.
78. L'Alcool.

INDUSTRIE

69. Le Canal de Suez.
70. Les Aiguilles.
72. Les Locomotives.
74. Les Mines.
76. Le Tissage de la Soie.
82. Les Tissages façonnés
86. Les Alcools. Tome I.
87. — — II.
88. La Bougie.

LITTÉRATURE

4. La Littérature franç^{se}
19. — Le XVIe siècle.
27. — Le XVIIe — 1e pér.
39. — — — 2e —
48. — Le XVIIIe siècle.
45. — Le XIXe siècle.
81. Victor Hugo. A travers son œuvre.
83. Molière. Les Précieuses ridicules.
84. Molière. Le Tartufe I.
85. — — II.
91. Beaumarchais. Le Barbier de Séville. I.
92. — II.
93. Molière. L'École des maris.
94. Hégésippe Moreau. Contes.
100. La Fontaine. Fables choisies.
105. Danton. Discours.
106. Désaugiers. Chansons.
109. Racine. Les Plaideurs
112. J.-J. Rousseau. L'Enfance.
114. Thiers. Le 18 Mars.
115. Barbès. Deux jours de condamnation.
117. Beaumarchais. Le Mariage de Figaro. I.
118. — II.
119. — III.
120. Lamennais. Le Livre du peuple.
121. X. de Maistre. La jeune Sibérienne. I.
122. — II.
126 Voltaire. Poésies.
127. Corneille. Le Menteur. Tome I.
128. — — — II.
132. Camille Desmoulins. La Lanterne.
133. Carnot. La Révolution française.

MÉDECINE

2. Les Maladies et les remèdes.
16. Anatomie, physiologie
62. La Rage et l'Institut Pasteur.

MÉTIERS

53. L'Imprimerie.
55. La Typographie.

PHYSIQUE

103. Les Machines électriques. Tome I.
104. — — — II.

POLITIQUE

101. J.-J. Rousseau. Le Contrat social.
102. Mirabeau. Opinions et discours.
137. Affaire Baudin. — Plaidoyer de Gambetta.

[illegible]	[illegible]	TRAVAUX MANUELS
[illegible]	[illegible]	46. La Couture.
[illegible]	[illegible]	57. Le Tricot.
[illegible]	75. La Lumière électrique.	140. Le Filet.
[illegible] L'Électricité.	85. Les Moteurs à gaz.	143. Broderie. Tome I.
[illegible] Botanique (1re partie).	86. Les premiers Ballons.	144. — — II.
[illegible] — (2e —).	87. La Direction des ballons.	146. Tapisserie.
[illegible] Les Microbes.		147. Dentelle Renaissance.
[illegible] L'Homme préhistorique.	98. Les Piles électriques I.	149. Le Crochet. Tome I.
[illegible] Cosmographie (1re p.).	99. — — II.	150. — — II.
[illegible] — (2e p.).	107. Les Moteurs hydrauliques. Tome I.	VITICULTURE
[illegible]	108. — — II.	75. Le Phylloxéra.
[illegible] Tremblements de terre.		

LE LIVRE POUR TOUS

MILLE ET UN MANUELS POPULAIRES

10 Centimes le volume (15 cent. par la poste)

La Bibliothèque des **Mille et un Manuels populaires**, paraissant sous ce titre suffisamment explicite : LE LIVRE POUR TOUS, formera une encyclopédie complète des Lettres, des Sciences, des Arts, de l'Industrie, du Commerce et de l'Agriculture dans leur diversité infinie.

Ce qui distingue notre collection de toutes celles que l'on a publiées dans la [illegible] ce qui fait sa supériorité sur toutes les compilations adressées aux [illegible] de vulgarisation, ce qui doit lui faire donner la préférence sur les dictionnaires et les manuels, c'est :

1° [illegible] chacun de nos volumes ne coûte que **10 centimes** et contient [illegible] le tiers d'un volume ordinaire de 300 pages vendu **3 fr. 50** ; 2° [illegible] *l'abondance et l'exactitude des renseignements* ; 3° la *commo*[illegible] ; 4° *la clarté du texte* ; 5° *la valeur documentaire*.

Il suffit d'avoir sous les yeux un seul de nos volumes pour se rendre compte de l'importance de notre collection et des services qu'elle rend.

La collection du LIVRE POUR TOUS (ancienne série) réunit déjà 144 fascicules séparés, traitant chacun d'un sujet spécial formant un tout.

La *Nouvelle Série* est publiée suivant les traditions déjà établies, mais nous avons cru devoir donner à quelques-unes des publications nouvelles un caractère d'actualité. Cette actualité sera l'*actualité politique*, *littéraire*, *scientifique*, etc.

La collection intéresse toutes les professions, toutes les conditions, tous les âges et peut être mise entre toutes les mains.

Le prix de chaque volume, chez les libraires, est de **10 centimes**, mais il est de **15 centimes**, par la poste, si on prend par volumes séparés. Cette augmentation qui n'est que le prix perçu par la poste, n'existe pas lorsqu'on prend **20 volumes** à la fois.

NOUVELLE SÉRIE (*2 volumes par semaine*).

Sont en vente les numéros suivants :

1. La République et les grands républicains.
2. Hygiène et Maladies de l'Hiver.
3. Le Vin et les régions viticoles.
4. (Voltaire). I. — Essai sur les mœurs.
5. — II. — Essai sur les mœurs.
6. Nos Écoles d'Arts et Métiers.
7. [illegible]
8. [illegible]
9. [illegible]
10. [illegible]
11. II. — Les Sports hygiéniques.
12. (André Chénier). — Poésies.
13. L'Industrie laitière.
14. Le Transvaal.
15. Les Quatre Fils Aymon.
16. La Défense de nos frontières.
17. La Poudre et les Explosifs.
18. Les Expéditions contemporaines au Pôle Nord.
19. Le Café.

[illegible] (Regnard) : Le Joueur. — Le Cidre. — (D'Alem[illegible]) [illegible] — L'avocat Pathelin.

Il paraît deux volumes par semaine, soit 104 par an. — L'abonnement au LIVRE POUR TOUS est de 10 francs par an, et comprend *ipso facto* l'abonnement à la *REVUE POUR TOUS* qui paraît le 15 de chaque mois.

Fin d'une série de documents
en couleur

Suppression des Jésuites.

La suppression des Jésuites fut ordonnée une première fois en 1762. A cette époque, ils avaient inauguré des façons de faire qui n'étaient pas du goût de la cour. Ils s'étaient attaqués aux auteurs de l'*Encyclopédie* et surtout à Voltaire qui, las enfin de continuelles escarmouches, s'étaient décidés à répondre. Et le réveil du lion avait été terrible, d'autant plus que les jésuites ne trouvèrent pas un défenseur. Voici d'ailleurs ce qu'écrivait d'Alembert en 1765.

Il faut avouer que les jansénistes, qui ne se sont jamais piqués d'être fins, l'ont été dans ces derniers temps bien plus qu'ils ne pensaient, et que les jésuites, qui se piquent de l'être beaucoup, ne l'ont été guère. Ils ont donné comme des sots dans un panneau que leurs ennemis leur ont tendu sans s'en douter. Le gazetier janséniste, excité seulement par le fanatisme et par la haine (car ce satirique imbécile n'en sait pas plus long), a reproché aux jésuites de poursuivre dans les jansénistes un fantôme d'hérésie, et de ne pas courre sus aux philosophes qui deviennent de jour en jour, selon lui, plus nombreux et plus insolents. Les jésuites, bêtement, ont lâché leur proie qui se mourait, pour attaquer des hommes pleins de vigueur, qui ne pensaient point à leur nuire. Qu'est-il arrivé ? ils n'ont point apaisé leurs anciens ennemis, et s'en sont attiré de nouveaux dont ils n'avaient que faire ; ils le sentent bien aujourd'hui, mais il n'est plus temps.

Telle était la position de ces pères, lorsque la guerre allumée entre l'Angleterre et la France occasionna à la société le fameux procès qui a entraîné sa destruction. Les jésuites faisaient le commerce à la Martinique; la guerre leur ayant causé des pertes, ils voulurent faire banqueroute à leurs correspondants de Lyon et de Marseillle; un jésuite de France, à qui ces correspondants s'adressèrent pour avoir justice, leur parla comme le *rat retiré du monde :*

> Mes amis, dit le solitaire,
> Les choses d'ici-bas ne me regardent plus,
> En quoi peut un pauvre reclus
> Vous assister? Que peut-il faire
> Que de prier le ciel qu'il vous aide en ceci ?
> J'espère qu'il aura de vous quelque souci (1).

Il leur offrit de *dire la messe* pour leur obtenir de Dieu, au lieu de l'argent qu'ils demandaient, la grâce de souffrir *chrétiennement* leur ruine. Ces négociants, volés et persiflés par les jésuites, les attaquèrent en justice réglée; ils prétendirent que ces pères, en vertu de leurs constitutions, étaient solidaires les uns pour les autres, et que ceux de France devaient acquitter les dettes des missions américaines. Les jésuites se croyaient si sûrs de la bonté de leur cause, qu'ayant le droit d'être jugés au grand conseil, ils demandèrent, pour rendre leur triomphe plus éclatant et plus complet, que le procès fut porté à la grande Chambre du Parlement de Paris. Ils y perdirent tout d'une voix, et à la grande satisfaction du public, qui en témoigna sa joie par des applaudissements universels; on les condamna à payer des sommes immenses à leurs parties, avec défense à eux de faire le commerce.

Ce ne fut là que le commencement de leur malheur. Dans le procès qu'ils soutenaient, il avait été question de

(1) Fables de La Fontaine, liv. VII, fable 3.

savoir si, en effet, par leurs constitutions, ils étaient solidaires les uns pour les autres; cette question fournit au Parlement une occasion toute naturelle de demander à voir ces constitutions fameuses, qui jamais n'avaient été ni examinées, ni approuvées avec les formes requises. L'examen de ces constitutions, et ensuite celui de leurs livres, a fourni des moyens *juridiques* qu'on a cru suffisants pour déclarer leur institut contraire aux lois du royaume, à l'obéissance due au souverain, à la sûreté de sa personne et à la tranquillité de l'Etat.

Je dis des moyens *juridiques*; car on doit distinguer dans cette cause les moyens *juridiques* sur lesquels la destruction des jésuites a été appuyée d'avec les autres motifs (non moins équitables) de cette destruction. Il ne faut pas croire que ni les constitutions de ces pères, ni la doctrine qu'on leur reproche aient été l'unique cause de leur ruine, quoique ce soit la seule vraiment *judiciaire*, et la seule par conséquent dont on ait dû faire mention dans les arrêts rendus contre eux. Il n'est que trop vrai que plusieurs autres ordres ont à peu près pour principe cette même obéissance servile que les jésuites vouent à leurs supérieurs et au pape; il n'est que trop vrai que mille autres docteurs et religieux ont enseigné la doctrine du pouvoir de l'Eglise sur le temporel des rois; ce n'est pas seulement parce qu'on croit les jésuites plus mauvais Français que les autres moines, qu'on les a détruits et dispersés; c'est parce qu'on les a regardés avec raison comme plus redoutables par leurs intrigues et par leur crédit. Et ce motif, quoique non *juridique*, est assurément beaucoup meilleur qu'il ne fallait pour s'en défaire. La ligue de la nation contre les jésuites ressemble à la ligue de Cambra contre la république de Venise, qui avait pour principale cause les richesses et l'insolence de ces républicains. La Société avait fourni les mêmes armes à la haine. On était justement indisposé de voir des religieux, voués par état à l'humilité, à la retraite et au silence, diriger la conscience des rois, élever la noblesse du royaume, cabaler à la cour, à la ville et dans les provinces. Rien n'irrite davantage les gens raisonnables, que des hommes qui ont renoncé au monde, et qui cherchent à le gouverner. Tel était, aux yeux des sages, le crime de la Société le moins pardonnable; ce crime, dont on ne parlait pas, valait seul tous ceux dont on les chargeait d'ailleurs, et qui, par leur nature, avaient paru plus propres à faire prononcer leur arrêt dans les tribunaux.

Ces pères ont même osé prétendre, et plusieurs évêques leurs partisans ont osé l'imprimer, que le gros recueil qui a servi de motif principal pour leur destruction, n'aurait pas dû opérer cet effet; qu'il avait été *compilé à la hâte par des jansénistes, et mal vérifié par des magistrats peu propres à ce travail; qu'il était plein de citations fausses, de passages tronqués ou mal entendus, d'objections prises pour les réponses*; enfin de mille autres infidélités semblables. Les magistrats ont pris la peine de répondre à ces reproches, et le public, très indifférent sur cette discussion, les en aurait dispensés; on ne peut nier que parmi un très grand nombre de citations exactes, il ne fût échappé quelques méprises; elles ont été avouées sans peine; mais ces méprises (quand elles seraient beaucoup plus fréquentes) empêchent-elles que le reste ne soit vrai? D'ailleurs la plainte des jésuites et de leurs défenseurs fût-elle aussi juste qu'elle le paraît peu, qui se donnera le soin de vérifier tant de passages? En attendant que la vérité s'éclaircisse (si de pareilles vérités en valent la peine) ce recueil aura produit le bien que la nation désirait, l'anéantissement des jésuites; les reproches qu'on est en droit de leur faire seront plus ou moins nombreux; mais la Société ne sera plus; c'était là le point important.

Ce volume d'assertions, extraites des livres des jésuites et condamnés par les magistrats, avait été précédé quelques années auparavant de la condamnation de l'ouvrage du jésuite Busenbaum, dans lequel la doctrine du régicide est ouvertement soutenue ; l'exemplaire sur lequel la condamnation fut prononcée portait pour date 1757, époque funeste de l'attentat qui a rempli la France d'horreur et de trouble. Les jésuites ont prétendu que cette date était une supercherie de leurs ennemis qui, pour les rendre odieux, avaient fait mettre un frontispice nouveau à une édition ancienne; les jansénistes soutenaient que l'édition était en effet toute récente, et prouvait d'une manière sensible jusqu'à quel point et à quel degré d'impudence les jésuites osaient être mauvais Français. Ces jansénistes, si peu adroits d'ailleurs, mais très ardents et très acharnés, étaient venus à bout de persuader à la plus grande partie de la nation que le crime atroce dont il s'agissait était l'ouvrage des jésuites. Cependant les réponses du criminel dans ses interrogatoires, telles qu'elles ont été publiées, n'étaient nullement à la charge de ces pères ; mais il avait servi chez eux, ainsi que chez des personnes du parti opposé : il l'avait déclaré à ses juges ; les jésuites, par des raisons qu'on ignore, ne furent point interrogés, comme il semblait qu'ils auraient dû l'être : c'en fut assez à une grande partie du public pour les charger du crime.

L'asassinat du roi de Portugal, arrivé l'année suivante, et dans lequel la Société se trouva encore impliquée, servit de nouveaux moyens à ses ennemis pour soutenir et faire croire que l'attentat qui soulevait la France était aussi son ouvrage. Les amis des jésuites ont prétendu qu'ils étaient innocents du forfait commis en Portugal ; que l'orage suscité contre eux à cette occasion, et dont ils ont aussi été les victimes dans ce royaume, était un effet de la haine qu'ils s'étaient attirée de la part du premier ministre, Carvalho, tout puissant auprès du prince. Mais pourquoi des religieux inspirent-ils de la haine contre eux à un ministre d'Etat, si ce n'est parce qu'ils se rendent redoutables à ce ministre par leurs intrigues? Pourquoi M. de Carvalho, qui détestait les jésuites, laissait-il en repos les cordeliers, les jacobins et les récollets, sinon parce qu'il trouvait les jésuites en son chemin, et que les autres végétaient en paix dans leurs couvents sans faire à l'Etat ni bien ni mal? Toute Société religieuse et remuante mérite par cela seul que l'Etat en soit purgé; c'est un crime pour elle d'être redoutable.

Aussi le ministre de Portugal profita-t-il habilement de l'imputation faite à quelques-uns de ces pères, d'avoir conseillé, dirigé et absous les assassins, pour faire chasser tous les jésuites du royaume; on les renvoya à leur général, qui n'a pas dû être peu embarrassé de ces nouveaux venus; aussi cette transplantation leur a-t-elle été fatale, un très grand nombre a péri; et le reste, maltraité par les jésuites italiens, traîne au milieu de ses confrères, devenus ses ennemis, une vie malheureuse et languissante.

M. de Carvalho, en chassant les jésuites, en avait fait arrêter trois, qu'on avait déclarés coupables; mais il ne fut pas assez puissant pour faire exécuter à mort le jésuite Malagrida, qui passait pour le plus criminel. La populace portugaise, ignorante, superstitieuse, et imbue de maximes ultramontaines, n'aurait pas souffert qu'un religieux fût livré au bras séculier pour un crime digne des plus grands supplices, parce que ce crime n'était commis que contre un laïc; on fut obligé, pour trouver à Malagrida un crime contre Dieu qui le rendît digne de mort, d'aller chercher quelques mauvais livres de dévotion, ouvrages de l'imbécillité et de la démence écrits par ce malheureux jésuite; ce fut uniquement sur ces rapsodies qu'il fut condamné au feu par l'Inquisition, non comme coupable de lèse-majesté mais comme hérétique. On lui reprochait des visions et des miracles dont il avait eu la bêtise de se glorifier; on lui reprochait surtout d'avoir pu, à l'âge de soixante-quinze ans, se désennuyer tout seul dans sa prison comme aurait fait un jeune novice; ce qui pouvait aussi être regardé comme une espèce de miracle, bien digne d'être compté parmi les autres. C'est sur de pareils motifs qu'il fut condamné à la mort la plus cruelle; l'arrêt ne fit pas même mention du parricide dont il était accusé ; et, comme le remarque très bien M. de Voltaire, l'excès de l'atrocité fut joint à l'excès du ridicule.

C'est une chose plaisante que l'embarras où les jésuites et les jansénistes se trouvèrent à l'occasion de cette victime immolée à l'Inquisition. Les jésuites dévoués jusqu'alors à ce tribunal de sang, n'osaient plus en prendre le parti depuis qu'il avait brûlé un des leurs; les jansénistes, qui l'abhorraient, commencèrent à le trouver juste dès qu'il eut condamné un jésuite aux flammes; ils assurèrent et imprimèrent que l'Inquisition n'était pas ce qu'ils avaient cru jusqu'alors et que la justice s'y rendait *avec beaucoup de sagesse et de maturité*. Quelques magistrats même, jusqu'à ce moment ennemis jurés de l'Inquisition, semblèrent, en cette circonstance, s'adoucir tant soit peu pour elle.

Un des premiers tribunaux du royaume condamna au feu un des écrits où l'Inquisition de Portugal était fort maltraitée à l'occasion du supplice de Malagrida; et, dans la dénonciation qui fit condamner cet écrit au feu, on donna beaucoup d'éloges, non pas tout à fait à l'Inquisition en elle-même, mais *à l'examen scrupuleux* d'après lequel le jésuite fut livré au bras séculier.

A l'occasion de cette accusation de régicide tant de fois renouvelée contre les jésuites, nous rapporterons une anecdote curieuse. Il est étonnant que, parmi tant de brochures qui ont appelé ces pères *assassins*, pas une seule n'ait fait mention d'un trait à la vérité peu connu, mais qui semble donner beau jeu à leurs ennemis. A Rome, dans leur église de Saint-Ignace, ils ont fait représenter aux quatre coins de la voûte (peinte il y a environ cent ans par un de leurs pères) des sujets tirés de l'Ancien Testament; et ces sujets sont autant d'assassinats ou au moins de meurtres faits au nom de Dieu par le peuple juif : Jahel qui, poussée par l'esprit divin, enfonce un clou dans la tête de Sisara, à qui elle avait offert et donné l'hospitalité; Judith qui, conduite par le même guide, coupe la tête à Holopherne, après l'avoir séduit et enivré; Samson qui massacre les Philistins par ordre du Seigneur; enfin David qui tue Goliath. Au haut de la coupole, saint Ignace, dans une gloire, lance des feux sur les quatre parties du monde, avec ces mots du Nouveau Testament : *Ignem veni mittere in terram ; et quid volo nisi ut accendatur* ? (1) Il me semble que si quelque chose pouvait faire connaître l'esprit de la Société par rapport à la doctrine meurtrière qu'on lui impute, ces tableaux en seraient une preuve plus forte que tous les passages qu'on rapporte de leurs auteurs, et qui leur sont communs avec tant d'autres; mais la vérité est que ces principes appuyés en apparence par l'Ecriture mal entendue, sont ceux des fanatiques de tous les temps, et nous pouvons ajouter, de la plupart des théologiens de parti, lorsqu'ils croiront avoir intérêt de les répandre, et pouvoir les prêcher en sûreté. Pour eux, un prince hérétique et infidèle est un tyran, et par conséquent un homme dont la religion et la raison ordonnent également de se défaire. La seule chose qu'on doit reprocher aux jésuites, c'est d'avoir abandonné ces abominables principes plus tard que les autres, après les avoir plus fortement soutenus;

(1) Je suis venu mettre le feu sur la terre; que puis-je désirer sinon de le voir allumé ?

de faire une profession particulière d'obéissance au pape, et d'obéissance plus étroite que les autres religieux ; d'être par cette raison d'autant plus à craindre dans l'Etat qu'ils y sont plus accrédités, plus répandus, plus adonnés au ministère ecclésiastique, et surtout à l'instruction de la jeunesse, de ne s'être jamais expliqué franchement et nettement (lorsqu'on ne les y a pas forcés) sur les maximes du royaume concernant l'indépendance des rois, et d'avoir trop donné à entendre qu'ils regardaient ces maximes comme de simples opinions locales sur lesquelles on pouvait soutenir le pour et le contre, suivant les pays où l'on se trouvait placé. On peut dire avec vérité et sans passion que cette manière de penser perce dans tous leurs ouvrages et dans ceux même des jésuites français qui ont voulu paraître moins ultramontains sur nos maximes que leurs confrères d'Italie ou d'Espagne.

Il ne faut pas croire cependant que cette soumission au pape, tant reprochée à la Société, soit pour elle un dogme irrévocable. Tandis que les jésuites la prêchaient en Europe avec tant de zèle, on pourrait dire de fureur, pour faire accepter la bulle qu'ils avaient fabriquée, ils résistaient, à la Chine, aux décrets que les souverains pontifes lançaient contre eux sur les cérémonies chinoises : ils allaient même jusqu'à mettre en question si le pape était en droit de donner une décision sur de pareils sujets. Tant il est vrai que leur prétendu dévouement au pape n'était, pour ainsi dire, que *par bénéfice d'inventaire*, et sous la condition tacite de favoriser leurs prétentions, ou du moins de ne pas nuire à leurs intérêts.

Quoi qu'il en soit, le parallèle qu'on vient de faire de la doctrine des jésuites avec celle des autres Ordres, est, ce me semble, le vrai point de vue dont on a dû partir dans leur destruction. Parmi tant de magistrats qui ont écrit dans l'affaire de la Société de longs réquisitoires, M. de La

Chalotais, procureur général du parlement de Bretagne, paraît surtout avoir envisagé cette affaire en homme d'Etat, en philosophe, en magistrat éclairé et dégagé de tout esprit de haine et de parti. Il ne s'est point amusé à prouver laborieusement et faiblement que les autres moines valaient beaucoup mieux que les jésuites, il a vu de plus haut et de plus loin; sa marche au combat a été plus franche et plus netté. *L'esprit monastique*, a-t-il dit, *est le fléau des Etats; de tous ceux que cet esprit anime, les jésuites sont les plus nuisibles, parce qu'ils sont les plus puissants; c'est donc par eux qu'il faut commencer à secouer le joug de cette nation pernicieuse.* Il semble que cet illustre magistrat ait pris pour sa devise ces vers de Virgile :

Ductoresque ipsos primum, capita alta ferentes
Cornibus arboreis, sternit; tum vulgus, et omnem
Miscet agens telis nemora inter frondea turbam (1).

La guerre qu'il a faite avec tant de succès à la Société n'est que le signal de l'examen auquel il paraît désirer qu'on soumette les constitutions des autres Ordres, sauf à conserver ceux qui, par cet examen, seraient jugés utiles. Il est même certaines communautés, par exemple celle des *frères* nommés *Ignorantins*, qu'il indique expressément à la vigilance des magistrats comme ayant déjà gagné sourdement beaucoup de terrain ; cependant je ne sais si je me trompe, des hommes qui portent un nom si peu fait pour en imposer, ne doivent guère se flatter de succéder un jour aux jésuites chez une nation à qui les noms sont sujets à faire la loi ; il faudra, pour avoir en France des succès et des ennemis, qu'ils commencent par se faire appeler autrement.

(1) Ces vers sont tirés du premier livre de l'*Enéide*. Enée aperçoit dans une forêt un grand troupeau, à la tête duquel des cerfs marchaient fièrement ; il leur donne la chasse. « D'abord il jette par terre les chefs de la troupe, qui portaient la tête haute; il poursuit et disperse ensuite le reste à travers les bois. »

A l'égard des autres moines en général, c'est à la prudence du Gouvernement à juger de la manière dont il doit en user avec eux; mais supposé qu'on voulût un jour les détruire, ou du moins les affaiblir assez pour les empêcher d'être nuisibles, il est un moyen infaillible d'y parvenir sans employer la violence, qu'il faut éviter même à leur égard : ce serait de faire revivre les anciennes lois qui défendent les vœux monastiques avant vingt-cinq ans. Puisse le Gouvernement se rendre sur ce point au désir unanime des citoyens éclairés !

En attendant ce désastre des communautés monastiques et ce bonheur pour l'Etat, continuons et finissons le récit de l'anéantissement des jésuites. Malgré la guerre déclarée à la Société par les magistrats, ces pères ne se tenaient pas pour assurés de leur destruction ; le Parlement de Paris, qui leur avait porté les premiers coups, les avait assignés à un an pour juger leur institut ; le parti qui désirait leur ruine, aveugle dans sa haine, et ne connaissant ni les lois ni les formes, reprochait au Parlement de leur avoir accordé un si long terme; il craignait que les amis qui leur restaient à la cour n'obtinssent du roi qu'il évoquât à lui seul le jugement de cette affaire. Cette crainte paraissait d'autant plus fondée que, dans l'intervalle de l'assignation au jugement, ils avaient encore reçu de la cour des marques assez éclatantes de protection. Le Parlement, par l'arrêt du 6 août 1761, qui les ajournait à comparaître au bout de l'année pour le jugement de leurs constitutions, avait ordonné par provision la clôture de leur collège pour le 1er octobre suivant; le roi, malgré les représentations du Parlement, prorogea ce temps jusqu'au 1er avril; et cette prorogation faisait appréhender qu'ils n'obtinssent des marques de faveur encore plus signalées. Personne d'ailleurs ne pouvait s'imaginer qu'une Société, naguère si puissante, pût jamais être anéantie ; leurs ennemis mêmes n'osaient s'en flatter pleinement; mais ils voulaient au moins enlever, s'il était possible, les deux branches principales de leur crédit, la place de confesseurs des rois et l'éducation de la noblesse.

Le roi, au milieu de toute cette procédure, avait consulté, sur l'institut des jésuites, les évêques qui étaient à Paris : environ quarante d'entre eux, soit persuasion, soit politique, avaient fait les plus grands éloges, et de l'institut et de la Société ; six avaient été d'avis de modifier les constitutions à certains égards ; un seul, l'évêque de Soissons, avait déclaré l'institut et l'Ordre également détestables. On prétendait que ce prélat (si sévère ou si vrai) avait des sujets de plainte personnelles et très graves contre les jésuites, qui, dans une occasion délicate, l'avait joué, compromis et sacrifié. Outré de dépit, à ce qu'ils disaient, et voulant se venger d'eux, cet évêque s'était fait janséniste, et déclaré chef d'un parti qui n'avait plus de tête et bientôt plus de membres. Malheureusement pour les jésuites, le prélat qu'ils cherchaient à décrier était d'une réputation intacte sur la religion, la probité et les mœurs ; il assura sans détour que les parlements avaient raison, et qu'on ne pouvait trop tôt se défaire d'une Compagnie également funeste à la religion et à l'Etat.

Néanmoins, la pluralité des évêques étant favorable à la conservation des jésuites, le roi, pour déférer à leur avis, rendit un édit dont l'objet était de les laisser subsister en modifiant à plusieurs égards leurs constitutions. Cet édit porté au Parlement pour être enregistré, y trouva une opposition générale; on y fit de fortes remontrances; et ces remontrances eurent plus de succès que ne pouvait attendre le Parlement même. Le roi, sans y rien répondre, retira son édit.

Dans cette situation, la Martinique qui avait déjà été si funeste à ces pères, en occasionnant le procès qu'ils avaient perdu, précipita leur ruine par une circonstance singulière. On reçut, à la fin de mars 1762, la triste nouvelle de la prise de cette colonie ; cette prise, si importante pour les Anglais, faisait tort de plusieurs millions à notre commerce ; la prudence du Gouvernement voulut prévenir les plaintes qu'une si grande perte devait causer dans le public. On imagina, pour faire diversion, de fournir aux Français un autre objet d'entretien, comme autrefois Alcibiade avait imaginé de faire couper la queue à son chien pour empêcher les Athéniens de parler d'affaires plus sérieuses. On déclara donc au principal du collège des jésuites, qu'il ne leur restait plus qu'à obéir au Parlement et à cesser leurs leçons au 1er avril 1762. Depuis cette époque, les collèges de la Société furent fermés, et elle commenca sérieusement à désespérer de sa fortune, enfin le 6 août 1762, ce jour si désiré du public, arriva : l'institut fut condamné par le Parlement d'une voix unanime, sans aucune opposition de la part de l'autorité souveraine ; les vœux furent déclarés abusifs, les jésuites sécularisés et dissous, leurs biens aliénés et vendus ; la plupart des parlements, les uns plus tôt, les autres plus tard, les ont traités à peu près de même ; quelques-uns avaient mis plus de rigueur encore dans leurs jugements, et les avaient chassés sans autre forme de procès.

Ils vécurent donc dispersés çà et là, et portant l'habit séculier ; mais ils restaient toujours à la cour, et même y étaient en plus grand nombre que jamais ; ils semblaient de là braver doucement leurs ennemis, et attendre pour se relever un temps plus favorable. On disait assez hautement que ces renards n'étaient pas détruits si l'on ne venait à bout de les enfumer dans le terrier où ils se croyaient à l'abri ; et qu'ils ne seraient pas *martyrs* tant qu'ils seraient *confesseurs. Ils sont bien malades*, ajoutait-on, *peut-être mourants, mais le pouls leur bat encore.* On les croyait si peu anéantis, malgré leur dispersion, qu'un supérieur de séminaire à qui on offrit leur maison du noviciat, répondit qu'il n'en voulait pas, parce qu'il avait peur des *revenants*.

Ils n'étaient pourtant pas loin du moment de leur expulsion totale ; ce fut encore au zèle inconsidéré de leurs amis qu'ils en eurent l'obligation. Un partisan forcené de la Société publia, pour la défendre, un écrit violent et injurieux aux magistrats, qui avait pour titre : *Il est temps de parler*. Quelqu'un dit alors que la réponse des magistrats serait : *Il est temps de partir*. Ils se trompaient d'autant moins qu'un nouveau grief vint combler la mesure. L'archevêque dont nous avons déjà tant parlé, croyait les droits de l'Eglise violés par les arrêts du Parlement contre des vœux contractés à la face des autels ; il donna en faveur des jésuites un mandement qui acheva d'indisposer les magistrats ; quelques-uns de ces pères furent accusés d'avoir colporté le mandement, quelques-unes de leurs dévotes de l'avoir débité ; ce fut comme le signal du dernier coup porté à la Société entière. Le parlement ordonna que, dans *huitaine*, tous jésuites profès ou non profès, qui voudraient rester dans le royaume, feraient serment de renoncer à l'institut. Le terme était court : on ne voulait pas leur donner le temps de délibérer : on craignait qu'ils ne tinssent entre eux des assemblées secrètes ; qu'ils n'écrivissent à leur général pour lui demander la permission de céder au temps ; qu'à la faveur des *restrictions mentales*, il ne prêtassent le serment qu'on exigeait ; qu'à l'abri de ce serment ils ne restassent en France pour y attendre un meilleur temps ; qu'ils ne pratiquassent enfin la maxime d'Acomat dans *Bajazet* :

> Promettez ; affranchi du péril qui vous presse,
> Vous verrez de quel poids sera votre promesse.

Il est certain que les jésuites, en signant le serment qu'on leur proposait, auraient fort embarrassé les jansénistes leur ennemis, qui ne cherchaient qu'un prétexte pour les faire bannir, et à qui le prétexte aurait manqué. Il est certain de plus que, comme Français et comme chrétiens, ils pouvaient signer en conscience ce qu'on exigeait d'eux; ce qu'un écrivain, nullement affectionné d'ailleurs à la Société, a prouvé démonstrativement par un écrit qui nous est tombé entre les mains : mais soit fanatisme ou raison, soit principe de conscience ou respect humain, soit honneur ou opiniâtreté, les jésuites n'ont pas fait ce qu'ils auraient pu faire et ce qu'on craignait qu'ils ne fissent. Ces hommes qu'on croyait si disposés à se jouer de la religion, et qu'on avait représentés comme tels dans une foule d'écrits, refusèrent presque tous de prêter le serment qu'on exigeait d'eux ; en conséquence, ils eurent ordre de sortir du royaume, et cet ordre fut exécuté à la rigueur. En vain plusieurs représentèrent leur âge, leurs infirmités, les services qu'ils avaient rendus, presque aucune de leurs requêtes ne fut admise. La justice qu'on avait faite du corps fut poussée contre les particuliers jusqu'à une sévérité extrême, qu'apparemment on jugea nécessaire. On voulait ôter à cette Société, dont l'ombre même semblait épouvanter encore après qu'elle n'était plus, tous les moyens de renaître un jour; les sentiments de compassion furent sacrifiés à ce qu'on crut la raison d'Etat. Cependant les implacables jansénistes, irrités par le souvenir tout récent des persécutions que les jésuites leur avaient fait souffrir, trouvaient que le Parlement n'en faisait pas encore assez : ils ressemblaient à ce capitaine suisse qui faisait enterrer pêle-mêle sur le champ de bataille les morts et les mourants; on lui représentait que quelques-uns des enterrés respiraient encore et ne demandaient qu'à vivre : *Bon*, dit-il, *si on voulait les écouter, il n'y en aurait pas un de mort.*

Il est certain que la plupart des jésuites, ceux qui dans

cette Société (comme ailleurs) ne se mêlent de rien, et qui y sont en plus grand nombre qu'on ne croit, n'auraient pas dû, s'il eût été possible, porter la peine des fautes de leurs supérieurs. Ce sont des milliers d'innocents qu'on a confondus à regret avec une vingtaine de coupables : de plus, ces innocents se trouvaient par malheur les seuls punis et les seuls à plaindre ; car les chefs avaient obtenu par leur crédit des pensions dont ils pouvaient jouir à leur aise tandis que la multitude immolée restait sans pain comme sans appui. Tout ce qu'on a pu alléguer en faveur de l'arrêt général d'expulsion prononcé contre ces pères, c'est le fameux passage de Tacite au sujet de la loi des Romains qui condamnait à mort tous les esclaves d'une maison pour le crime d'un seul : *habet aliquid ex iniquo omne magnum exemplum* (tout grand exemple a quelque chose d'injuste). Ainsi, dans la destruction des Templiers, un grand nombre d'innocents furent victimes de l'orgueil et de la richesse insolente de leurs chefs ; ainsi les désordres qu'on reprochait aux Templiers n'étaient pas l'unique cause de leur destruction, et leur principal crime était de s'être rendus odieux et redoutables. La postérité pensera de même sur le jugement porté contre les jésuites et sur l'exil auquel ils ont été condamnés. On le trouvera dur, mais peut-être indispensable ; c'est ce que l'avenir seul pourra décider.

Au reste, indépendamment de la compassion naturelle que semblaient réclamer les jésuites âgés, malades ou sans ressources, qui, après tout, sont des hommes, il semble qu'on aurait pu distinguer, dans le serment qu'on exigeait, les jésuites profès d'avec ceux qui ne l'étaient pas, et ceux qui avaient déjà renoncé à l'institut d'avec ceux qui y tenaient encore sans y être absolument liés. Qu'on exigeât le serment des jésuites profès dont on voulait se débarrasser, on pouvait juger cette précaution essentielle; mais était-il nécessaire d'exiger autre chose des jésuites non profès, qu'une simple promesse qu'ils ne se lieraient point à l'institut, et autre chose des ex-jésuites qu'une simple déclaration qu'ils y avaient renoncé ? La conduite contraire qu'on a tenue pouvait conserver à la Société des sujets qui étaient disposés à la quitter, et auxquels on ôtait toute autre ressource ; cette rigueur même pouvait rendre à l'Ordre des membres qu'il avait déjà perdus.

En proposant ces réflexions, on est bien éloigné de désapprouver la conduite des magistrats, qui, par de justes raisons sans doute, ont cru devoir en user autrement : il est bon cependant d'observer que plusieurs Parlements ont cru devoir tenir une conduite contraire. Après avoir dissous l'institut, ils ont laissé aux jésuites dispersés tous leurs droits de citoyens ; mais n'est-il pas à craindre qu'en les conservant ainsi dans plus de la moitié du royaume, on n'ait laissé à ces hommes qu'on croit si remuants un moyen de tramer des intrigues d'autant plus dangereuses qu'elles seront cachées ? Encore une fois, le temps seul peut apprendre quels sont les juges qui ont pris le meilleur parti dans cette affaire ; si les uns n'ont pas été trop rigoureux, et si les autres, en voulant l'être moins, n'ont pas enterré le feu sous la cendre.

Quelques Parlements d'ailleurs n'avaient rien prononcé contre l'institut ; et les jésuites subsistaient encore en entier dans une partie de la France. Il y avait lieu d'appréhender qu'au premier signal de ralliement, la partie *dispersée*, se rejoignant tout à coup à la partie *réunie*, ne formât une Société nouvelle, avant même qu'on fût en état de la combattre. La sagesse et l'honneur même du Gouvernement semblaient exiger que la jurisprudence à l'égard des jésuites, quelle qu'elle pût être, fût uniforme dans tout le royaume. Ces vues paraissaient avoir dicté l'édit, par lequel le roi vient d'abolir la Société dans toute l'étendue de la France, en permettant d'ailleurs à ses membres de vivre tranquillement dans leur patrie, sous les yeux et sous la protection des lois. Puissent les intentions pacifiques de notre auguste monarque être couronnées par le succès qu'elles méritent !

C'est sans doute pour mieux remplir ces intentions respectables que le Parlement de Paris, en enregistrant le nouvel édit, a ordonné aux jésuites de résider chacun dans leur diocèse, et de se représenter tous les six mois aux magistrat du lieu qu'ils habiteront. On ignore si les jésuites déjà retirés dans les pays étrangers jugeront à propos de se soumettre à cette contrainte. Le même arrêt leur défend d'approcher de Paris de dix lieues, ce qui les relègue au moins à six lieues de Versailles, mais ne leur interdit pas le séjour de Fontainebleau et de Compiègne, que la cour habite au moins trois mois de l'année. On a cru sans doute que, durant un si court espace de temps, leurs intrigues à la cour ne seraient point à craindre : Dieu veuille qu'on ne se soit pas trompé !

En bannissant les jésuites par son premier arrêt, le Parlement de Paris leur avait assigné des pensions pour leur subsistance : cet adoucissement à leur exil paraissait à bien des gens une sorte de contradiction. Pourquoi, disait-on, faciliter la retraite dans les pays étrangers à des sujets réputés dangereux, apôtres du régicide, ennemis de l'Etat, et qui, en refusant de renoncer à la Société, préfèrent leur général italien à leur souverain légitime ? Ce n'est pourtant pas qu'on doive blâmer avec sévérité cette contradiction apparente : quand on la désapprouverait en rigueur logique, ce qu'il ne nous appartient pas de décider, on devrait encore plus l'excuser en faveur de la loi naturelle, qui existait avant qu'il y eût des jansénistes et des jésuites. Ceux qui se sont liés à l'institut de la Société, ne l'ont fait que sous la sauvegarde de la foi publique et des lois : s'ils ont refusé d'y renoncer, ce peut être par une délicatesse de conscience toujours respectable, même dans des hommes qui ont tort : en les immolant à la nécessité qu'on a crue indispensable, de ne plus souffrir de jésuites en France, il eût été inhumain de les priver des besoins de la vie, et de leur interdire jusqu'à l'air qu'ils respirent. Au reste, ces réflexions, bien ou mal fondées, n'ont plus lieu dès qu'on permet aux jésuites, sans rien exiger d'eux, de rester dans le royaume.

Après avoir privé la Société de ses biens, il est juste de fournir à ses membres le moyen de subsister, puisqu'on croit pouvoir sans inconvénient les rendre à l'Etat à qui ils appartiennent.

N'oublions pas, avant de finir ce récit, une circonstance singulière, bien propre à montrer sous son véritable point de vue le prétendu intérêt pour la religion, dont plusieurs de ses ministres cherchent à se parer. Quelques évêques qui résident dans leurs diocèses se joignirent, par des mandements, à l'archevêque défenseur des jésuites ; d'autres évêques (qui ne résident pas) étaient prêts à s'y joindre aussi. Le Parlement fit mine de vouloir renouveler et faire observer à la rigueur les anciennes lois sur la résidence ; alors ces évêques se turent, et leur zèle menaçant expira sur leurs lèvres. Déconcertés et humiliés de leur impuissance contre les ennemis des jésuites, ils chercheront peut-être pour leur dédommagement à se rabattre sur les philosophes, qu'ils accusent bien injustement d'avoir communiqué au Parlement de Paris leur prétendue liberté de penser : déjà même quelques-uns de ces prélats, à ce qu'on assure, ont pris cette triste et faible revanche ; semblables à ce malheureux passant sur lequel il était tombé quelque tuile du haut d'une maison dont on réparait le toit, et qui, pour se venger, lançait des pierres au premier étage, n'ayant pas, disait-il, la force de les jeter plus haut.

Tel a été dans le royaume le sort des jésuites; les circonstances de leur destruction ont été bien étranges à tous égards ; l'orage est parti du lieu d'où on l'attendait le moins, du Portugal, le pays de l'Europe le plus livré aux prêtres et aux moines; qui ne paraissait pas fait pour se délivrer si promptement des jésuites, et encore moins pour donner sur cela l'exemple. Leur anéantissement en France a été préparé par le rigorisme qu'ils ont affiché malgré eux; enfin, il a été consommé par une secte mourante et avilie, qui a terminé contre toute espérance ce que les Arnauld, les Pascal, les Nicole, n'auraient pu ni exécuter, ni tenter, ni même espérer. Quel exemple plus frappant de cette fatalité inconcevable qui semble présider aux choses humaines, et les amener, lorsqu'on s'y attend le moins, au point de la maturité ou de la destruction. C'est un beau chapitre à ajouter à l'histoire des grands événements par les petites causes.

Un écrivain connu parlant, en 1759, trois ans avant la destruction des jésuites, des deux partis qui divisent l'Eglise de France, disait du parti le plus puissant *qu'il cesserait bientôt de l'être* (1); on a voulu faire passer ces paroles pour une prophétie; mais comme vraisemblablement il n'aspire pas à l'honneur d'être prophète, il doit avouer qu'en écrivant cette espèce de prédiction, il était bien éloigné de soupçonner à quel point elle était vraie. On voyait bien que le parti jusqu'alors opprimé commençait à prendre le dessus; mais personne ne pouvait prévoir jusqu'à quel degré il devait opprimer à son tour celui dont il avait été écrasé jusqu'alors; belle matière aux ennemis de la Société pour faire valoir leurs lieux communs ordinaires, sur la providence de Dieu dans le soutien de ce qu'ils appellent la *bonne cause*.

(1) *Mélanges de littérature, d'histoire et de philosophie*, par M. D....., I, IV, Page 364.

Ce qui n'est pas moins singulier, c'est que la nation française, dans un temps où elle laissait voir sa faiblesse hors de chez elle par une guerre malheureuse, ait fait cet acte de vigueur sur ses propres foyers; il est vrai qu'en y réfléchissant on trouverait peut-être dans le même principe la cause de tant de faiblesse au dehors, et d'une si grande force, ou si l'on veut, d'une si grande fermentation au dedans; mais, cette discussion politique nous mènerait trop loin et n'est pas de notre sujet.

Ce qui est plus singulier encore, c'est qu'une entreprise qu'on aurait crue bien difficile et impossible même au commencement de 1761, ait été terminée en moins de deux ans, sans bruit, sans résistance et avec aussi peu de peine qu'on en aurait à détruire les capucins et les picpus. On ne peut pas dire des jésuites que leur mort ait été aussi brillante que leur vie. Si quelque chose même doit les humilier, c'est d'avoir péri si tristement, si obscurément, sans éclat et sans gloire. Rien ne décèle mieux une faiblesse réelle qui n'avait plus que le masque de la force. Ils diront qu'ils n'ont fait et n'ont voulu qu'exécuter à la lettre le précepte de l'Evangile : *Quand on vous persécute dans une ville, fuyez dans une autre.* Mais pourquoi, après avoir oublié ce précepte pendant deux cents ans, s'en sont-ils souvenus si tard?

Enfin, ce qui doit mettre le comble à l'étonnement, c'est que deux ou trois hommes seuls, qui ne se seraient pas crus destinés à faire une telle révolution, aient imaginé et mis à fin ce grand projet ; l'impulsion générale donnée à tout le corps de la magistrature a été leur ouvrage, et le fruit de leur impétueuse activité. Les hommes, en effet, sont rarement conduits par les esprits froids et tranquilles. La paisible raison n'a point toute seule cette chaleur nécessaire pour persuader ses opinions et faire entrer dans ses vues ; elle se contente d'instruire son siècle à petit bruit et sans éclat, et d'être ensuite simple spectatrice de l'effet bon ou mauvais que ses leçons auront produit. Elle ressemble, si on peut employer cette comparaison, *au vieux de la montagne*, à la voix duquel des jeunes gens, ses disciples couraient se précipiter, mais qui se gardait bien de se précipiter lui-même.

Il est vrai que ce petit nombre d'hommes qui ont mis tous les tribunaux du royaume en mouvement contre les jésuites, ont trouvé la nation favorablement disposée pour cette fermentation, et empressée de l'appuyer par ses discours. Nous disons *par ses discours* ; car en France tout ce que la nation peut faire, c'est de parler à tort et à droit, pour ou contre ceux qui la gouvernent ; mais il faut avouer aussi que le cri public y est compté pour quelque chose. La philosophie, à laquelle les jansénistes avaient déclaré une guerre presque aussi vive qu'à la Compagnie de Jésus, avait fait, malgré eux, des progrès sensibles. Les jésuites, intolérants par ce système et par état, n'en étaient devenus que plus odieux ; on les regardait, si je puis parler de la sorte, comme les grands grenadiers du fanatisme, comme les plus dangereux ennemis de la raison, et comme ceux dont il lui importait le plus de se défaire. Les Parlements, quand ils ont commencé à attaquer la Société, ont trouvé cette disposition dans tous les esprits. C'est proprement la philosophie, qui, par la bouche des magistrats, a porté l'arrêt contre les jésuites ; le jansénisme n'en a été que le solliciteur. La nation et les philosophes à sa tête voulaient l'anéantissement de ces pères, parce qu'ils sont intolérants, persécuteurs, turbulents et redoutables ; les jansénistes le désiraient, parce que les jésuites soutiennent la *grâce versatile* et eux la *grâce efficace*. Sans cette ridicule querelle de l'école, et la fatale bulle qui en a été le fruit, la Société serait peut-être encore debout, après avoir tant de fois mérité sa destruction pour des causes un peu plus réelles et plus graves. Mais enfin elle est détruite, et la raison est vengée.

Qu'importe de quel bras Dieu daigne se servir ?

A ces réflexions, on peut en joindre une autre non moins importante, et faite pour servir de leçon à tous les religieux qui seraient tentés de ressembler aux jésuites. Si ces pères eussent été assez raisonnables pour borner la considération de la Société à celle qu'elle pouvait tirer des sciences et des lettres, cette considération aurait été plus solide, moins enviée et plus durable. C'est l'esprit d'intrigue et d'ambition qu'ils ont montré, ce sont les vexations qu'ils ont exercées, c'est en un mot leur puissance énorme (ou crue telle), et surtout l'insolence qu'ils y joignaient qui les a perdus. On ne saurait croire jusqu'à quel point ils avaient porté l'audace dans ces derniers temps ; voici un trait assez récent qui achèvera de les faire connaître.

Benoît XIV, au commencement de son pontificat, accepta la dédicace d'un ouvrage que le père Norbert, capucin, avait fait contre les jésuites ; car ils étaient parvenus à armer contre eux jusqu'aux capucins : *Tu quoque Brute* (1), s'écriait à cette occasion un fameux satirique ! Le pape cru pouvoir permettre à Norbert de rester à Rome sous sa protection. Il n'en eut pas le crédit ; les jésuites firent si bien par leurs manœuvres, qu'ils parvinrent à chasser le capucin non seulement des États du pape, mais même de tous les États catholiques ; il fut obligé de se réfugier à Londres, et ne trouva qu'en 1759 un asile en Portugal lorsque la Société en fut expulsée ; il eut la satisfaction, comme il le raconte lui-même, d'assister au supplice de Malagrida, et de dire la messe pour le repos de son âme, tandis qu'on achevait de brûler son corps.

(1) *Et toi aussi, mon cher Brutus* ! On assure que le satirique donnait au mot *brute* une interprétation plus maligne que nous ne prétendons pas approuver.

La persécution exercée par les jésuites avec acharnement contre le malheureux moine protégé par Benoît XIV avait fort irrité ce pape contre eux ; il ne perdait aucune occasion de leur donner tous les dégoûts qui dépendaient de lui. Les jansénistes même ne doutent pas que s'il eût vécu, il n'eût profité de la circonstance de leur destruction en Portugal et en France pour anéantir la Société ; mais quoi qu'on en dise il n'y a pas d'apparence qu'un pape, quel qu'il puisse être, pousse jamais jusqu'à ce point l'oubli de ses vrais intérêts. Les jésuites sont les janissaires du souverain pontife, redoutables quelquefois à leur maître, comme ceux de la Porte ottomane, mais nécessaires comme eux au soutien de l'empire. L'intérêt de la cour de Rome est de les réprimer et de les conserver ; Benoît XIV avait trop d'esprit pour ne pas penser de la sorte. Le czar Pierre, il est vrai, cassa d'un seul coup 40.000 strélitz révoltés qui étaient ses meilleurs soldats ; mais le czar avait vingt millions de sujets, et pouvait refaire d'autres strélitz ; et le pape, dont toute la puissance ne se soutient que par la milice spirituelle qui est à ses ordres, ne pourrait pas aisément en refaire une semblable aux jésuites, aussi bien disciplinée, aussi dévouée à l'Eglise romaine et aussi redoutable aux ennemis du souverain pontife.

Ce que l'on peut assurer avec vérité, c'est que le pape Benoît XIV se serait mieux conduit dans leur affaire que son successeur Clément XIII ; il n'eût point comme celui-ci écrit au roi qui lui faisait l'honneur de le consulter, qu'il fallait *que les jésuites restassent comme ils étaient* : il eût répondu d'une manière équivoque, comme il avait fait au sujet des sacrements refusés aux jansénistes ; il eût gagné du temps, il eût accordé aux parlements quelques modifications de l'institut (au moins par rapport aux jésuites français) ; il eût flatté et intéressé les jansénistes par quelque bulle en faveur de *la grâce efficace* ; enfin, il eut amorti ou diminué les coups qu'on portait à son régiment des gardes. Mais il semble que dans cette affaire les jésuites et leurs amis aient été frappés d'un esprit de vertige, et qu'ils aient fait eux-mêmes tout ce qu'il fallait pour précipiter leur ruine : pour la première fois ils se sont montrés inflexibles dans la circonstance où il leur importait le plus de ne pas l'être ; ils ont cabalé en secret et parlé ouvertement à la cour contre leurs ennemis ; ils ont crié que la religion était perdue si on se défaisait d'eux, qu'on ne les chassait que pour établir en France l'incrédulité et l'hérésie, et par là ils ont jeté de l'huile sur le feu au lieu de l'éteindre. Il semble que les jansénistes aient fait à Dieu, pour la destruction de la Société, cette prière de Joad dans *Athalie* :

> Daigne, daigne, grand Dieu, sur son chef et sur elle
> Répandre cet esprit d'imprudence et d'erreur,
> De leur destruction funeste avant-coureur.

Aussi ces jansénistes ont-ils bien assuré, dans leur langage dévot, que le *doigt de Dieu* s'était montré de toute part dans cet affaire. *Hélas !* a répondu un *ci-devant jésuite*, apparemment consolé de ne plus l'être, *ce sont bien les quatre doigts et le pouce !*

Voilà donc cette Société fameuse retranchée du milieu de nous ; plaise au ciel que ce soit sans retour, ne fût-ce que pour le bien de la paix, et qu'on puisse enfin dire : *hic jacet* ! Ses meilleurs amis sont trop bons citoyens pour penser le contraire ; le rétablissement de cette Société remuante, irritée et fanatique, ferait plus de mal à l'Etat qu'il ne pourrait, dans l'idée même de ses partisans, procurer de bien à l'Eglise. Cet événement (si la Providence veut qu'il soit durable) fera non-seulement une époque, mais, selon bien des gens, une vraie *ère* chronologique dans l'histoire de la religion ; on datera désormais dans cette histoire de *l'hégire jésuitique* (1), au moins en Portugal et en France, et les jansénistes espèrent que ce nouveau *comput ecclésiastique* ne tardera pas à être admis dans les autres pays catholiques. C'est le but des prières ferventes qu'ils adressent à Dieu pour le plus grand bien de leurs ennemis et pour faire *rentrer la Société en elle-même*.

Rien ne sera sans doute plus profitable et plus flatteur pour eux. On sait bien que tout janséniste, pourvu qu'il puisse dire comme les sauvages de Candide, *mangeons du jésuite*, sera au comble du bonheur et de la joie ; mais il reste à savoir quelle utilité la raison, qui vaut bien le jansénisme, tirera enfin d'une proscription tant désirée. Je dis la *raison* et non pas l'*irréligion* ; c'est une précaution nécessaire à prendre : car la théologie des jansénistes est, comme nous l'avons vu, si raisonnable, qu'ils sont sujets à regarder les mots de *raison* et d'*irréligion* comme synonymes. Il est certain que l'anéantissement de la Société peut procurer à la raison de grands avantages, pourvu que l'intolérance jansénienne ne succède pas en crédit à l'intolérance jésuitique ; car on ne craint point de l'avancer, entre ces deux sectes, l'une et l'autre méchantes et pernicieuses, si on était forcé de choisir, en leur supposant le même degré de pouvoir, la Société qu'on vient d'expulser serait encore la moins tyrannique. Les jésuites, gens accommodants, pourvu qu'on ne se déclare pas leur ennemi, permettent assez qu'on pense comme on voudra. Les jansénistes, sans égards comme sans lumières, veulent qu'on pensent comme eux : s'ils étaient les maîtres, ils exerceraient sur les ouvrages, sur les esprits, sur les discours, sur les mœurs l'inquisition la plus violente. Heureusement, il n'est pas fort à craindre qu'ils prennent jamais beaucoup de crédit ; le rigorisme qu'ils professent ne fera pas

(1). On sait qu'*hégire* signifie *fuite, expulsion*.

fortune à la cour, où l'on veut bien être chrétien mais à condition qu'il en coûtera peu; et leur doctrine de la prédestination et de la grâce est trop dure et trop absurde pour ne pas révolter les esprits. Que les étrangers fassent à la France tant qu'ils voudront de reproches (peu importants en eux-mêmes), sur le peu d'intérêt qu'elle paraît prendre à son théâtre national, si estimé de toute l'Europe, et sur la faveur distinguée qu'elle accorde à sa musique, vilipendée de toutes les nations; ces étrangers, nos envieux et nos ennemis, n'auront sûrement jamais le funeste avantage de faire à notre Gouvernement un reproche plus sérieux, celui de prendre pour objet de sa protection des hommes sans talent, sans esprit, ignorés et ignorants, après avoir autrefois exercé une persécution violente contre les illustres et respectables pères d'une si chétive postérité. D'ailleurs la nation qui commence à s'éclairer, s'éclairera vraisemblablement de plus en plus. Les disputes de religion seront méprisées, et le fanatisme deviendra en horreur. Les magistrats qui ont proscrit celui des jésuites sont trop éclairés, trop citoyens, trop au niveau de leur siècle, pour souffrir qu'un autre fanatisme y succède; déjà même quelques-uns d'eux (entre autres M. de La Chalotais) s'en sont expliqués assez ouvertement pour mécontenter les jansénistes, et pour mériter l'honneur d'être mis par eux au rang des philosophes. Cette secte semble dire comme Dieu, dont elle emploie si souvent et si abusivement le langage : *Celui qui n'est pas pour moi est contre moi*; mais elle n'en fera pas pour cela plus de prosélytes. Les jésuites étaient des troupes régulières, ralliées et disciplinées sous l'étendard de la superstition; c'était la phalange macédonienne qu'il importait à la raison de voir rompue et détruite. Les jansénistes ne sont que des cosaques et des pandours, dont la raison aura bon marché quand ils combattront seuls et dispersés. En vain crierontils à leur ordinaire qu'il suffit de montrer de l'attachement à la religion pour être bafoué des *philosophes modernes*. On leur répondra que Pascal, Nicole, Bossuet, et les écrivains de Port-Royal étaient attachés à la religion, et qu'il n'est aucun *philosophe moderne* (au moins digne de ce nom) qui ne les honore et ne les révère. En vain s'imagineront-ils que, pour avoir succédé au jansénisme de Port-Royal, ils doivent succéder à la considération dont il jouissait ; c'est comme si les valets de chambre d'un grand seigneur voulaient se faire appeler ses héritiers, pour avoir eu de la succession quelques méchants habits. Le jansénisme dans Port-Royal était une tache qu'il effaçait par un grand mérite ; dans ses prétendus successeurs, c'est leur seule existence ; et qu'est-ce, dans le siècle où nous vivons, qu'une existence si pauvre et si ridicule ?

Aussi, ne doute-t-on point que la ruine de leurs ennemis n'amène bientôt la leur, non pas avec violence, mais lentement, par transpiration insensible, et par une suite nécessaire du mépris que cette secte inspire à tous les gens sensés. Les jésuites expulsés par eux, et les entraînant dans leur chute, peuvent adresser dès ce moment à leur fondateur saint Ignace cette prière pour leurs ennemis : *Mon père, pardonnez-leur, car ils ne savent ce qu'ils font*.

Parlons sérieusement et sans détour ; il est temps que les lois prêtent à la raison leur secours pour anéantir cet esprit de parti, qui a si longtemps troublé le royaume par des controverses ridicules ; controverses, on ose le dire, plus funestes à l'Etat que l'incrédulité même, quand elle ne cherche point à faire des prosélytes. Un grand prince reprochait à un de ses officiers d'être janséniste ou moliniste, je ne sais plus lequel des deux ; on lui répondit qu'il se trompait, et que cet officier était athée : *S'il n'est qu'athée*, répondit le prince, *c'est autre chose, et je n'ai rien à dire.*

Cette réponse qu'on a voulu tourner en ridicule, était cependant très sage ; le prince, comme chef de l'Etat, n'a rien à craindre de l'athée qui se tait et ne dogmatise pas. Ce malheureux, très coupable aux yeux de Dieu et de la raison, n'est nuisible qu'à lui-même et non aux autres; l'homme de parti, le controversiste trouble la société par ses vaines disputes. Ce n'est pas ici le cas de la loi de Solon, par laquelle tous ceux qui ne prenaient point parti dans les séditions étaient déclarés infâmes. Ce grand législateur était trop éclairé pour mettre de ce nombre les disputes de religion, si peu faites pour intéresser de vrais citoyens ; il eût plutôt attaché de l'honneur à les fuir et à les mépriser.

Nos ténébreuses querelles théologiques ne bornent pas au dedans du royaume le tort et le mal qu'elles nous causent; elles avilissent aux yeux de l'Europe notre nation déjà trop humiliée par ses malheurs ; elles font dire aux étrangers et jusqu'aux Italiens mêmes, *que les Français ne savent se passionner que pour des billets de confession, ou pour des bouffons, pour la bulle* Unigenitus *ou pour l'Opéra-Comique* (1). Telle est l'idée très injuste qu'une poignée de fanatiques donne à toute l'Europe de la nation française, dans un temps néanmoins où la partie vraiment estimable de cette nation est plus éclairée que jamais, plus occupée d'objets utiles, et plus pleine de mépris pour les sottises et pour les hommes qui la déshonorent.

Ce n'est pas seulement l'honneur de la France qui est intéressé à l'anéantissement de ces vaines disputes ; l'honneur de la religion l'est encore davantage par les obstacles qu'elles opposent à la conversion des incrédules. Je suppose qu'un de ces hommes qui ont eu le malheur, de nos jours, d'attaquer la religion dans leurs écrits, et contre

(1). C'est ce que mille Français ont entendu dire en Angleterre, en Allemagne et même à Rome

lesquels les jésuites et les jansénistes se sont également élevés, s'adresse en même temps aux deux plus intrépides théologiens de chaque parti, et leur tienne ce discours : « Vous avez raison, messieurs, de crier au scandale contre moi ; et mon intention est de le réparer. Dictez-moi donc de concert une profession de foi propre à cet objet, et qui me réconcilie d'abord avec chacun de vous. » Dès le premier article du symbole, *je crois en Dieu tout-puissant*, il mettrait infailliblement aux prises ses deux catéchistes, en leur demandant si Dieu est également tout puissant sur les cœurs et sur les corps ? *Sans doute*, assurerait le janséniste, ; *non pas tout à fait*, dirait le jésuite entre ses dents. *Vous êtes un blasphémateur*, s'écrierait le premier ; *et vous*, répliquerait le second, *un destructeur de la liberté et du mérite des bonnes œuvres*. S'adressant ensuite l'un et l'autre à leur prosélyte : *Ah ! monsieur*, lui diraient-ils, *l'incrédulité vaut encore mieux que l'abominable théologie de mon adversaire* ; *gardez-vous de confier votre âme en de si mauvaises mains. Si un aveugle*, dit l'Evangile, *en conduit un autre, ils tomberont tous deux dans la fosse*. Il faut convenir que l'aveugle incrédule doit se trouver un peu embarrassé eutre deux hommes qui s'offrent chacun de lui servir de guide et qui s'accusent réciproquement d'être plus aveugles que lui. *Messieurs*, leur dirait-il sans doute, *je vous remercie l'un et l'autre de vos offres charitables* ; *Dieu m'a donné pour me conduire dans les ténèbres un bâton qui est la raison et qui doit, dites-vous, me mener à la foi. Eh bien ! je ferai usage de ce bâton salutaire, j'irai droit où il me conduira, et j'espère en tirer plus d'utilité que de vous deux*.

Il ne reste donc au Gouvernement et aux magistrats, pour l'honneur de la religion et de l'Etat, que de réprimer et d'avilir également les deux partis. Nous le disons avec d'autant plus de confiance, que personne ne révoque en doute l'impartialité des sages dépositaires de la justice et le profond mépris qu'ils ont pour ces querelles absurdes, dont leur ministère a exigé qu'ils prévinssent les dangereux effets. Avec quelle satisfaction les citoyens sages et éclairés ne les verront-ils pas consommer leur ouvrage ? Le gazetier janséniste et les convulsionnaires (1) ne doivent-ils pas attendre d'eux, à la première occasion, le même traitement que les jésuites, avec cette différence néanmoins qu'on doit mettre (quant à l'éclat) entre la punition d'une noblesse révoltée et celle d'une populace remuante ? Les jésuites débitaient leurs dangereuses maximes au grand jour; les convulsionnaires et le gazetier janséniste prêchent et impriment les impertinences dans les ténèbres ; l'obscurité seule dont ces misérables s'enveloppent peut les dérober au sort qu'ils méritent; peut-être même ne faut-il, pour les détruire, que leur ôter cette obscurité, qu'ordonner aux convulsionnaires (sous peine du fouet) de représenter leurs farces dégoûtantes, non dans un galetas, mais à la foire, pour de l'argent, entre les danseurs de corde et les joueurs de gobelets, qui les feront bientôt tomber ; et au gazetier janséniste (sous peine d'être promené sur un âne), d'imprimer son libelle ennuyeux, non dans son grenier, mais chez un libraire autorisé, chez celui, par exemple du *Journal chrétien*, si répandu et si digne de l'être. Convulsionnaires et gazetiers s'évanouiront dès qu'ils auront perdu le petit mérite qui leur reste, celui de la *clandestinité*. Bientôt le nom des jansénistes sera oublié, comme celui de leurs adversaires est proscrit ; la destruction des uns, et la disparition des autres, ne laisseront plus de traces qui les rappelle; cet événement, comme tous ceux qui l'ont précédé, sera effacé et enseveli par ceux qui

(1) On assure que dès le lendemain de l'expulsion des jésuites, les convulsionnaires ont commencé à la prédire. C'est ainsi qu'ils ont toujours prophétisé, et, ce qui est bien surprenant, ils ne se sont jamais trompés.

suivront; et il en restera tout au plus cette plaisanterie française, que le chef des jésuites est un capitaine *réformé*, qui a perdu sa compagnie.

Nous observerons, en finissant, que le titre de *Compagnie de Jésus* est encore un des reproches que les jansénistes ont fait aux jésuites, comme une dénomination trop fastueuse, par laquelle ils semblaient s'attribuer à eux seuls la qualité de chrétiens ; c'est un assez mince sujet de querelle, qui prouve seulement ce que nous avons déjà dit, que la haine a fait armes de tout pour les attaquer : le veritable crime de la Société, on ne saurait trop le redire, n'est pas de s'être appelée *Compagnie de Jésus*, mais d'avoir été réellement une compagnie d'intrigants et de fanatiques; d'avoir tâché d'opprimer tout ce qui lui faisait ombrage ; d'avoir voulu tout envahir; de s'être mêlée dans toutes les affaires et toutes les factions ; d'avoir plus cherché, en un mot, à se rendre nécessaire qu'à se rendre utile.

L'esprit de vertige qui a causé le malheur des jésuites en France, semble leur annoncer un pareil sort dans le reste de l'Europe. Depuis longtemps ils sont sans crédit dans les Etats du roi de Sardaigne et de la République de Venise, et le peu d'existence qu'ils y conservent pourrait bien être ébranlé de nouveau par les secousses qu'ils viennent d'éprouver ailleurs ; leur conduite en Silésie pendant la dernière guerre n'a pas disposé favorablement pour eux un prince, d'ailleurs ennemi de la superstition et de l'engence monastique, la maison d'Autriche qui les a tant protégés, commence à se lasser d'eux et à les connaître pour ce qu'ils sont; et ils ont tout lieu de craindre que la bombe qui a crevé en Portugal et en France, ne lance des éclats contre eux dans toutes les parties de l'Europe.

PARIS. = IMP. FERD. IMBERT, 7, RUE DES CANETTES.

www.ingramcontent.com/pod-product-compliance
Ingram Content Group UK Ltd.
Pitfield, Milton Keynes, MK11 3LW, UK
UKHW032016260826
14628UKWH00006B/2517

9 782019 713676